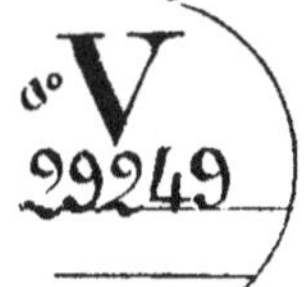

JUDITH GAUTIER

Les Musiques Bizarres

à l'Exposition

de 1900

LA

MUSIQUE INDO-CHINOISE

Chant Annamite

Danse Cambodgienne

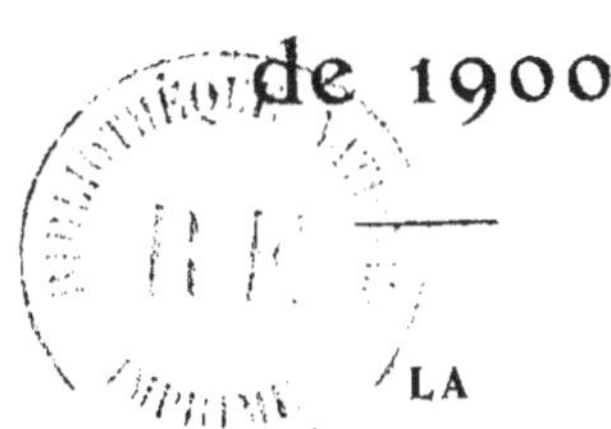

TRANSCRITS PAR

BENEDICTUS

PARIS

SOCIÉTÉ D'ÉDITIONS LITTÉRAIRES & ARTISTIQUES

Librairie Ollendorff

50, CHAUSSÉE D'ANTIN, 50

ENOCH & Cⁱᵉ

27, BOULEVARD DES ITALIENS, 27

1900

Tous droits réservés

JUDITH GAUTIER

LA

MUSIQUE INDO-CHINOISE

A l'Exposition de 1900

CHANT ANNAMITE — DANSE CAMBODGIENNE

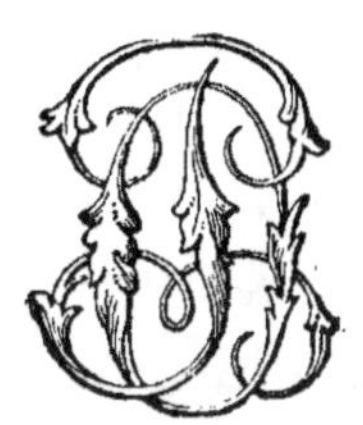

PARIS

LIBRAIRIE PAUL OLLENDORFF	ENOCH ET Cⁱᵉ
5o, CHAUSSÉE D'ANTIN, 5o	27, BOULEVARD DES ITALIENS, 27

1900

Tous droits réservés.

LES MUSIQUES BIZARRES A L'EXPOSITION
DE 1900

ONT PARU :

La Musique Javanaise.

Le Gamelan. — La Danse du Diable.

La Musique Égyptienne.

Chant Khédivial. — Danse du Ventre
Danse des Verres.

Les Chants de Madagascar.

Les sept Jours de la Semaine.
La Très Aimée.
L'Absence. — Sérénade.

La Musique Indo-Chinoise.

Chant Annamite.
Danse Cambodgienne.

SOUS PRESSE :

La Musique Japonaise.

Les Danses de Sada-Yacco.

La
Musique Indo-Chinoise

Le mystérieux contact de la Chine et de l'Inde, l'union de ces races primordiales, qui se sont si peu éloignées de leur berceau, ont donné naissance à ce qu'il y a peut-être de plus délicieux en Orient. Une fleur nouvelle au parfum subtil est éclose du croisement de fleurs superbes et capiteuses; à la beauté pure de l'Hindou, s'ajoutent l'étrangeté, la grâce compliquée des Chinois, formant un type nouveau, nuancé aussi par toute sorte d'éléments divers, amoureusement mêlés.

L'art, comme la beauté, est dans ces régions complexe et étrange. Il eût été très intéressant d'étudier, au Théâtre Indo-Chinois, les rapports et les différences des musiques, de la poésie, de l'art dramatique, en Annam, au Laos, au Cambodge, en Siam; malheureusement le programme annoncé n'a pas été tenu; ce que promettait ce monument, copie si exacte d'une architecture si curieuse, ne s'est pas réalisé.

Les danses cambodgiennes sont apocryphes, autant que les danseuses; et Mlle Cléo de Mérode elle-même, malgré sa grâce, et sa jolie silhouette de guêpe d'or, n'arrive à duper personne. Quant aux Parsis, tardivement recrutés, il est certain qu'ils sont superbes et d'une habileté admirable; mais ce sont de purs Hindous, et leur art est à côté du programme.

Seul, l'orchestre annamite, composé d'hommes et de femmes, est authentique et irréprochable.

La musique d'Annam est d'ailleurs suffisamment attachante et subtile pour mériter d'être étudiée à part. Il est difficile de s'en faire une idée juste et complète avec d'aussi minces éléments.

Elle procède de la musique chinoise. Sa gamme est la même que la gamme moderne en Chine; elle se compose de cinq notes : Fa, sol, la dièze, do, ré, nommées en annamite :

Ho, Tu, Xang, Xé, Kong.

On les écrit à l'aide de caractères chinois, et les airs sont notés seulement pour aider la mémoire, car le rythme et la valeur des notes ne sont pas indiqués; un intervalle ou un point marque pourtant la fin des mesures. Il y a même plusieurs façons de noter : une pour les instruments à cordes, une autre pour les instruments à vent, et le nom des notes change aussi.

Pour avoir une idée des lois qui régissent la composition musicale en Annam, il faudrait consulter, si quelque lettré complaisant voulait bien les expliquer, les livres vénérables qui sont gardés à la surintendance de la musique, au ministère des Rites, à Hué. On y trouverait certainement la preuve que la musique annamite a pris pour modèle la musique chinoise et se conforme exactement à son système et à ses règles. C'est donc au chapitre que nous consacrons à l'art musical de la Chine qu'il faut se reporter pour être renseigné sur celui de l'Annam.

S'il y a des différences, et il doit y en avoir, car il est impossible que ce peuple, aussi ancien que le peuple chinois, n'ait pas gardé des traditions spéciales et mis sa marque originale sur l'art qu'il s'est assimilé, c'est sans doute dans la composition des airs qu'il faudrait les chercher; il semble qu'elle a plus d'ampleur et d'indépendance, comme l'exécution aussi a plus de fantaisie et de liberté.

La structure de la mélodie est très particulière ; elle se développe, longuement, tout d'une haleine, sans répétitions, ni division en couplets. Elle est extrêmement difficile à retenir et cependant tous les musiciens annamites jouent de mémoire. Aussi leur répertoire n'est-il pas extrêmement varié. Quand ils sont parvenus à bien savoir, par cœur, un certain nombre de morceaux, ils s'en tiennent là.

L'orchestre, si bien dirigé au théâtre Indo-chinois par Nguyen-Viang, comprend une vingtaine de musiciens, hommes et femmes, qui jouent et chantent à l'unisson avec assez d'ensemble et des voix très justes. Parmi les instruments qui forment cet orchestre c'est le *Kine*, la Lyre chinoise, appelée en annamite : CAI DAN THAP LUC, qui domine : il y en a au moins dix : on les joue en les pinçant avec les doigts, comme la harpe. L'exécutant est accroupi, auprès de l'instrument posé à terre, dans la pose la plus bizarre, mais qui semble toute simple et très commode à la souplesse de ses membres. Les autres instruments sont, le CAI NHI, violon à deux cordes, avec les fils de l'archet pris sous les cordes ; le CAI TAM, guitare à trois cordes dont la caisse est recouverte de peau de serpent ; les timbres de cuivre nommés : CAI THIEN CANH, et le tambour : CAI TRONG BOC.

. Le morceau se fait d'abord entendre seul ; puis les voix s'y ajoutent, chantant différentes poésies sur la même mélodie.

La romance, qui rythme la danse pseudo-cambodgienne de Mlle Cléo de Mérode, est un morceau classique, intitulé primitivement : *l'eau qui coule*, et qui légèrement modifié, s'appelle ici :

PLAINTE AMOUREUSE

Loin, si loin ! vous que j'adore !...
Je suis seule au bord du nid...
Comment nous rejoindre encore ?...
Je crois vous revoir, la nuit ;
Votre ombre est là... je l'implore ...
Je cours ! le rêve finit.

Le temps où je fus heureuse
Avec vous s'en est allé...
Pauvre colombe amoureuse,
Mon ramier s'est envolé.

Vous souvenez-vous de l'heure
Où l'un près de l'autre assis,
A cette place où je pleure,
Nos regards étaient unis?...

Nous faisions vibrer la lyre,
A demi-voix nous chantions,
Et la chanson osait dire
Ce que, tout bas, nous pensions!...

O corbeaux! qui, de vos ailes,
Formez un pont gracieux,
Pour que deux astres fidèles,
Se rapprochent dans les cieux,

Ne pouvez-vous, par l'espace,
Vers lui, tendre un pont vainqueur,
Afin que par lui je passe,
Pour me jeter sur son cœur?...

Sans parler des chants héroïques, ni des poèmes rédigés dans la langue littéraire chinoise et qui égalent les plus belles œuvres de l'esprit humain, la poésie populaire, en Annam, est particulièrement remarquable, empreinte de sentiment, de verve et de couleur.

Le peuple est d'ailleurs passionné pour la poésie chantée. A l'occasion de n'importe quelles fêtes, ce sont, entre les jeunes filles et les garçons, des joutes interminables de chants et de poèmes.

Le second morceau exécuté sous la direction de Nguyen-Viang
est aussi d'origine ancienne et a pour titre :

L'AUDIENCE ROYALE

« Qu'il vive dix mille années!... »
Ainsi crient toutes les voix
Devant l'héritier des rois,
Maître de nos destinées.

En touchant du front le sol,
Chacun vient lui rendre hommage.
L'encens déroule un nuage
Jusqu'au royal parasol.

« Pendant notre vie entière,
Qu'à lui soit tout notre amour! »
Pareil à l'astre du jour,
Le roi répand la lumière.

Sur son trône il resplendit :
La salle est illuminée!...
Puis, après le temps prescrit,
L'audience est terminée.

Les Mandarins, tout heureux,
Disant : « Le ciel le protège! »
Chacun avec son cortège,
Rentrent lentement chez eux.

Cette chanson est la description, simplifiée et naïve, d'un
spectacle grandiose : l'hommage des princes et de toute la cour
au souverain, le premier jour de l'année.

Il y a aussi de la musique à cette solennité, musique de rêve et de mystère celle-ci, qui a profondément impressionné ceux à qui il a été donné de l'entendre une seule fois. C'est la Musique Royale, qu'accompagne, d'une façon si saisissante, la clameur aiguë que les hérauts se jettent, de terrasse en terrasse, et qui annonce l'approche du Fils du Ciel. C'est cette musique-là qu'on voudrait surtout connaître; elle révèlerait, sans doute, un art supérieur. Mais elle se dérobe, se tait, va disparaître, s'effacer à jamais, comme toutes les traditions de l'antique Annam, qui s'émiettent au souffle avide de l'Occident.

Judith Gautier.

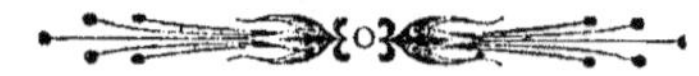

PLAINTE AMOUREUSE

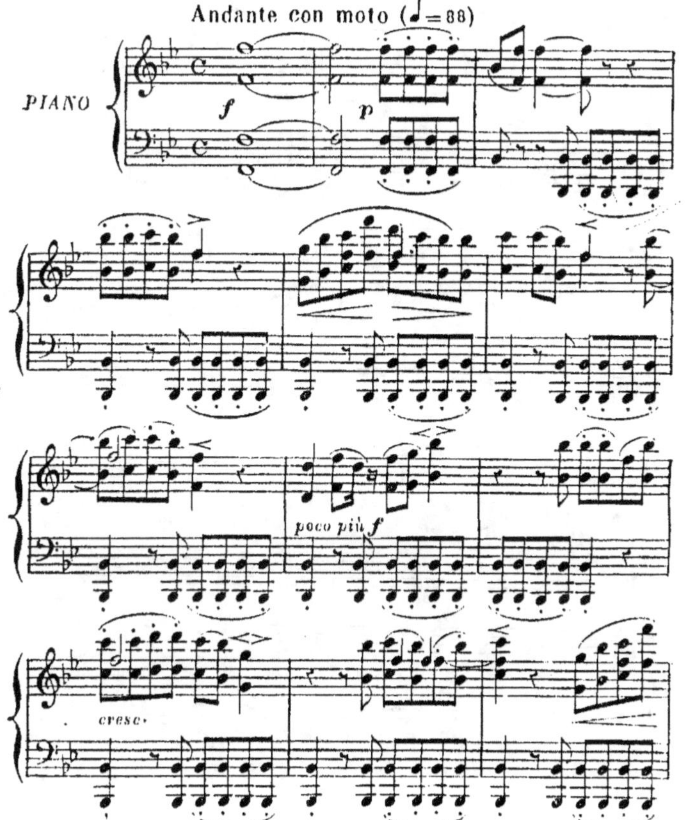

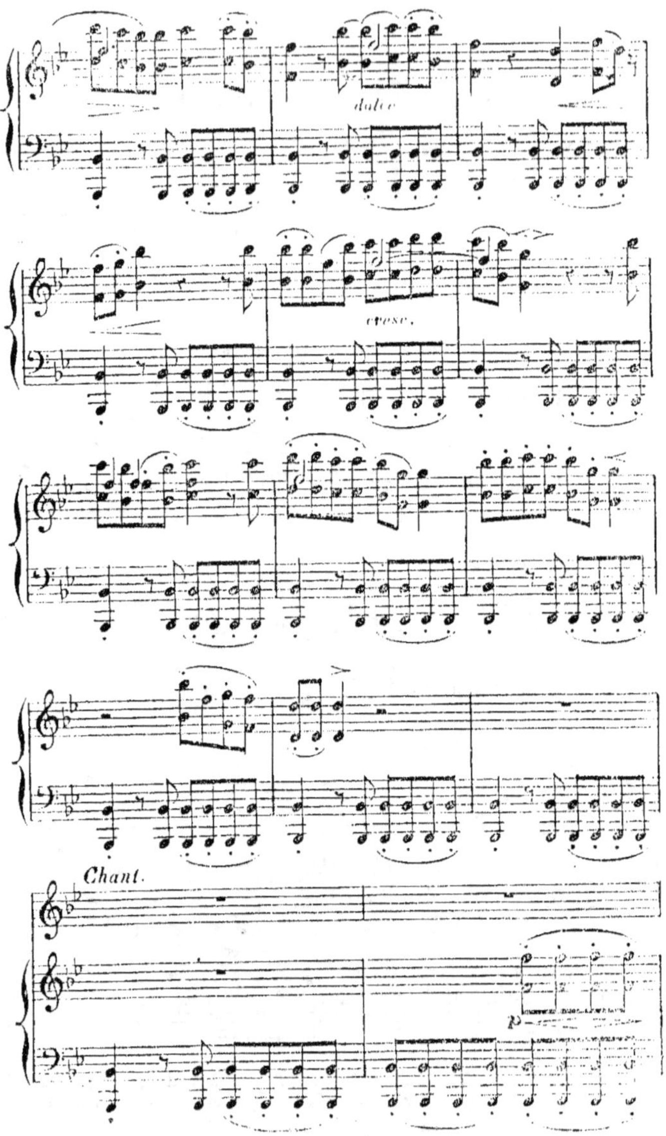
dolce
cresc.
Chant.

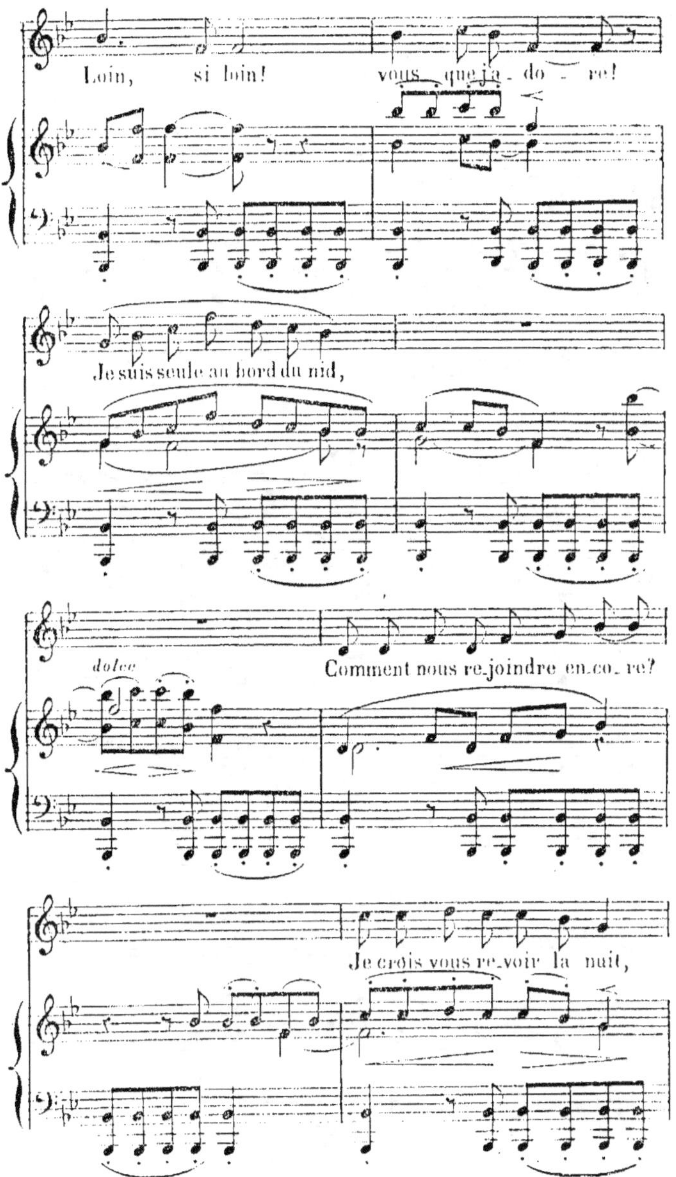
Loin, si loin! vous que ja_do_re!
Je suis seule au bord du nid,
dolce
Comment nous re_joindre en_co_re?
Je crois vous re_voir la nuit,

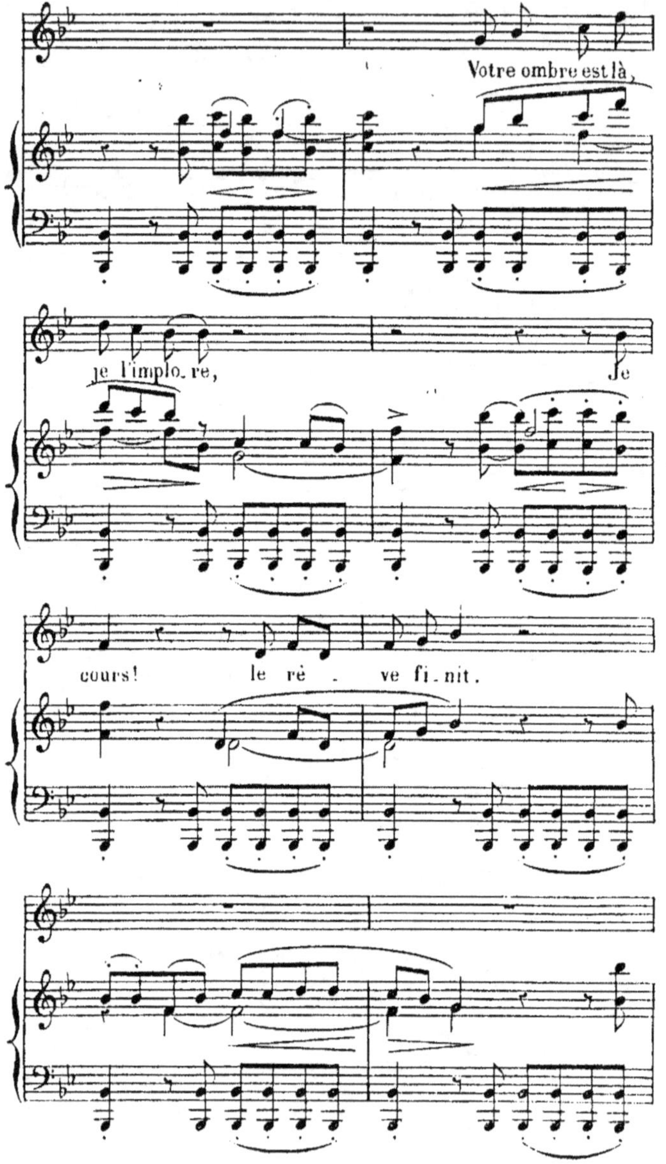
Votre ombre est là,
je l'implo_re,
Je
cours! le rê _ ve fi _ nit .

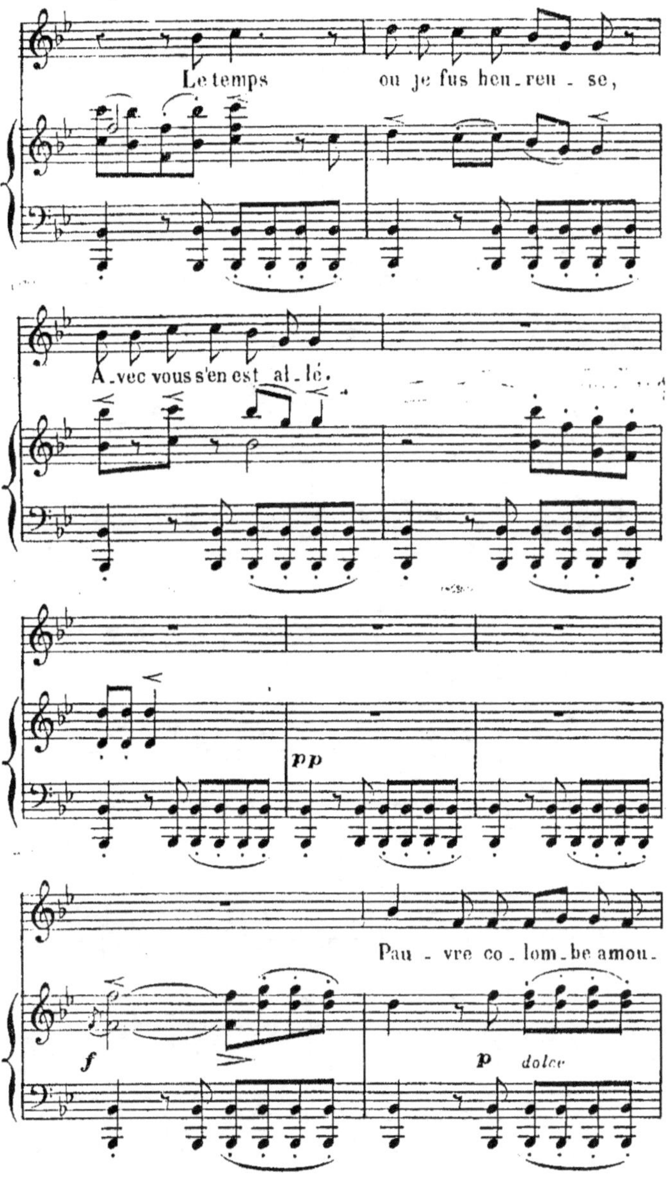
Le temps   ou je fus heu_reu_se,
A_vec vous s'en est_al_lé.
pp
Pau_vre co_lom_be amou_
f
p   dolce

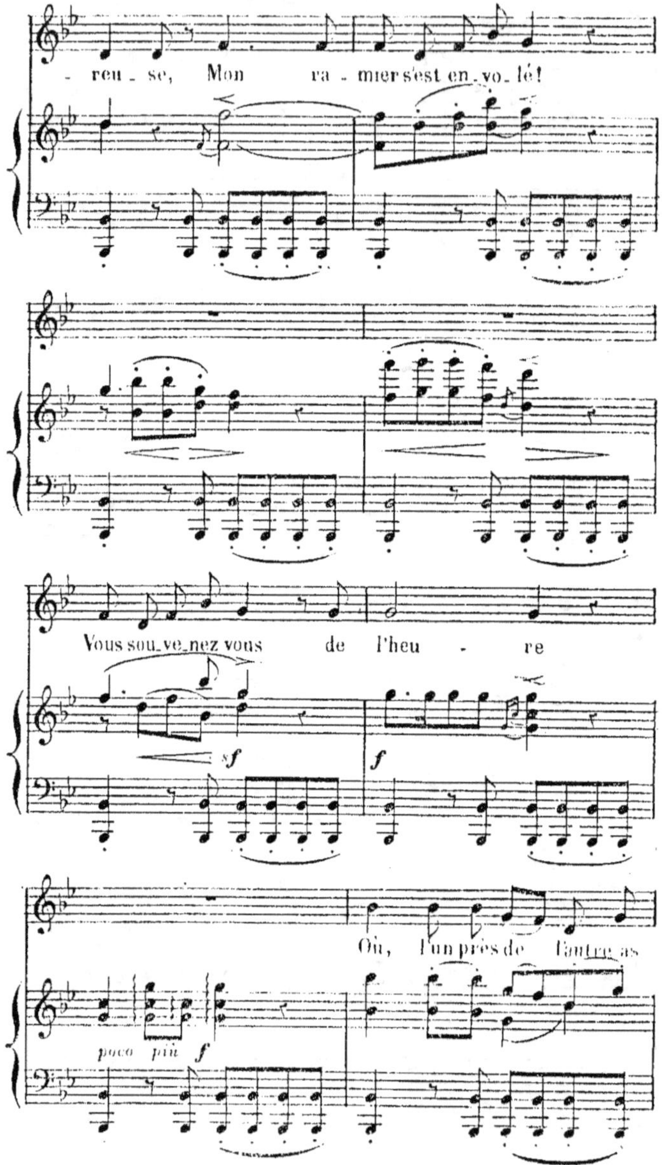
_ reu _ se, Mon ra _ mier s'est en _ vo _ lé!
Vous sou _ ve _ nez vous de l'heu - re
Où, l'un près de l'autre as

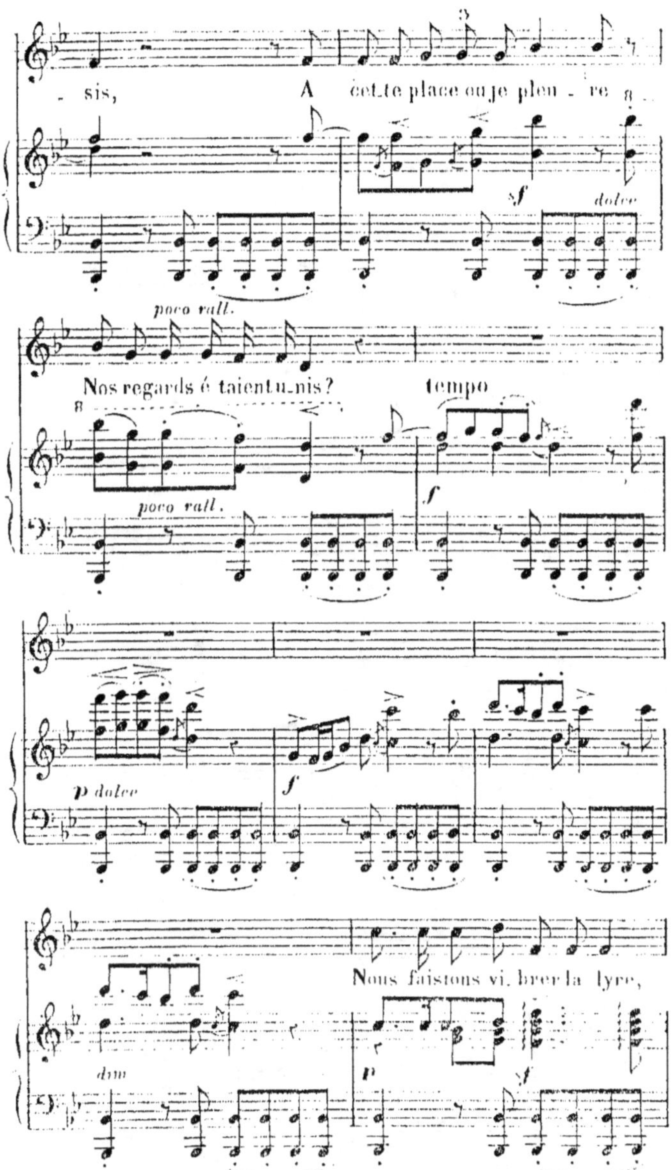
_ sis,
A cette place où je pleu _ re
Nos regards é taient u _ nis?
tempo
poco rall.
poco rall.
sf
dolce
f
p dolce
f
Nous faisons vi. brer la lyre,
dim
p
sf

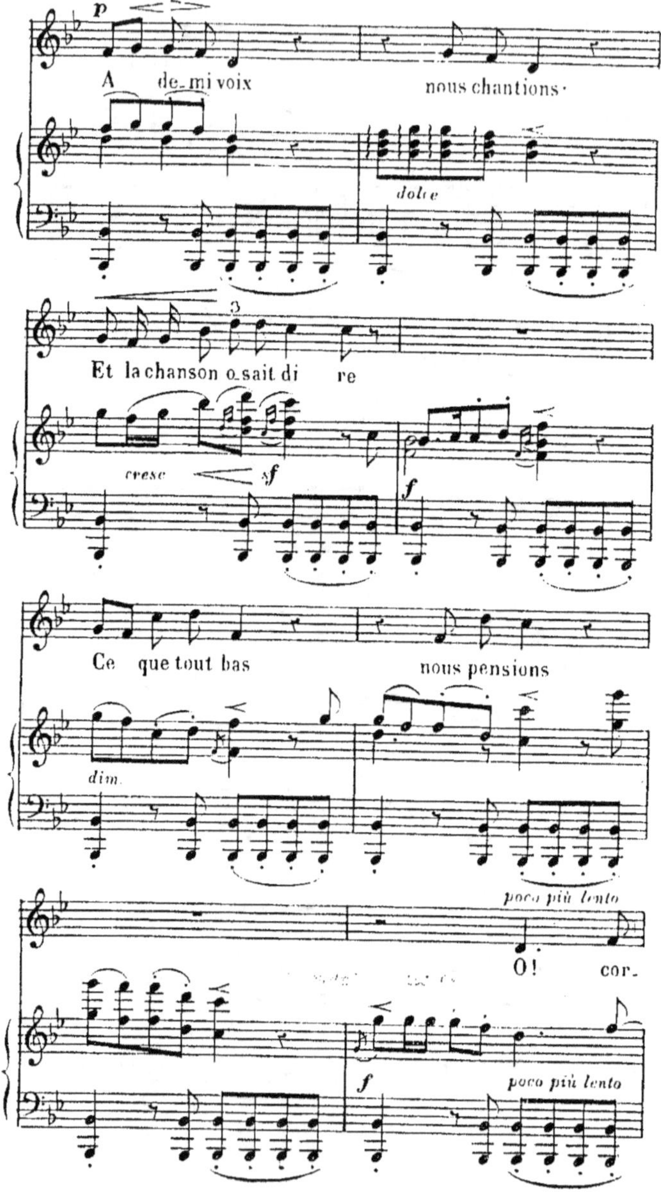
A de_mi voix nous chantions·
Et la chanson o_sait di re
Ce que tout bas nous pensions
O! cor_

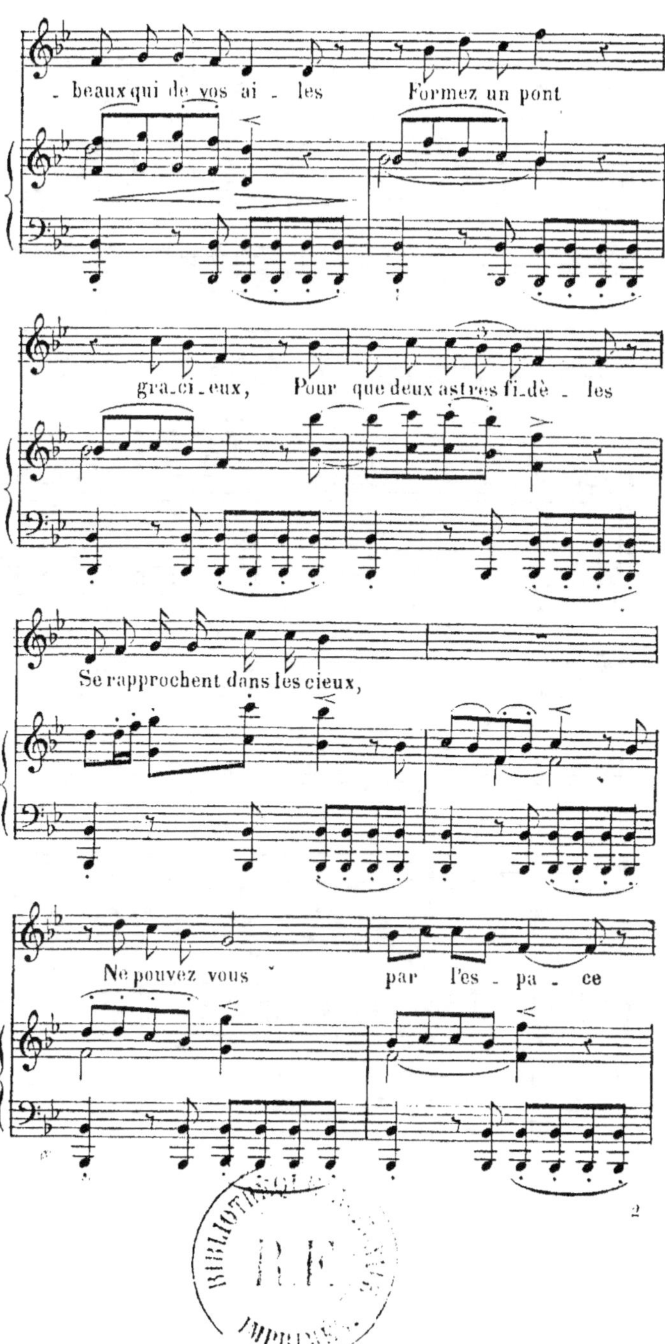
beaux qui de vos ai _ les   Formez un pont
gra _ ci _ eux,   Pour que deux astres fi _ dè _ les
Se rapprochent dans les cieux,
Ne pouvez vous   par l'es _ pa _ ce

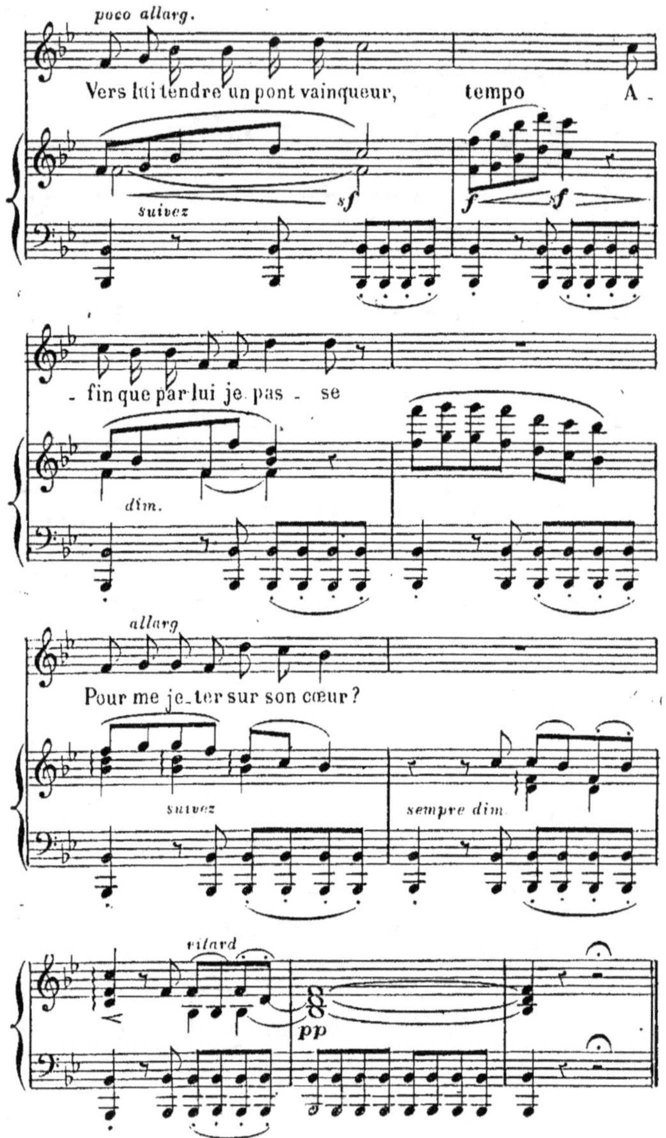
poco allarg.
Vers lui tendre un pont vainqueur,
tempo
A.
suivez
sf
f
sf
- fin que par lui je pas - se
dim.
allarg
Pour me je-ter sur son cœur?
suivez
sempre dim.
ritard
pp

L'AUDIENCE ROYALE

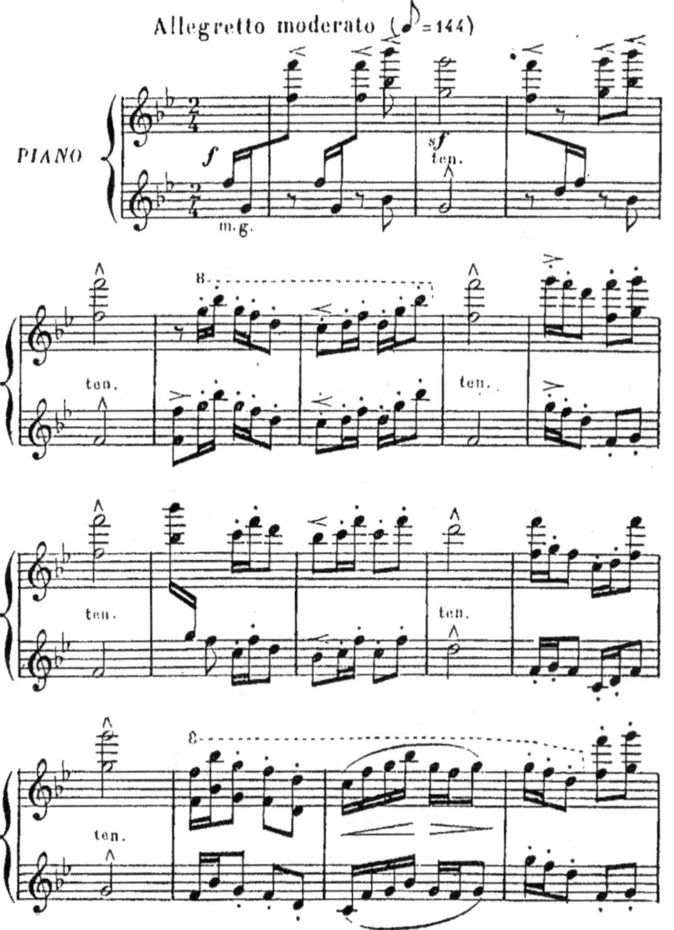

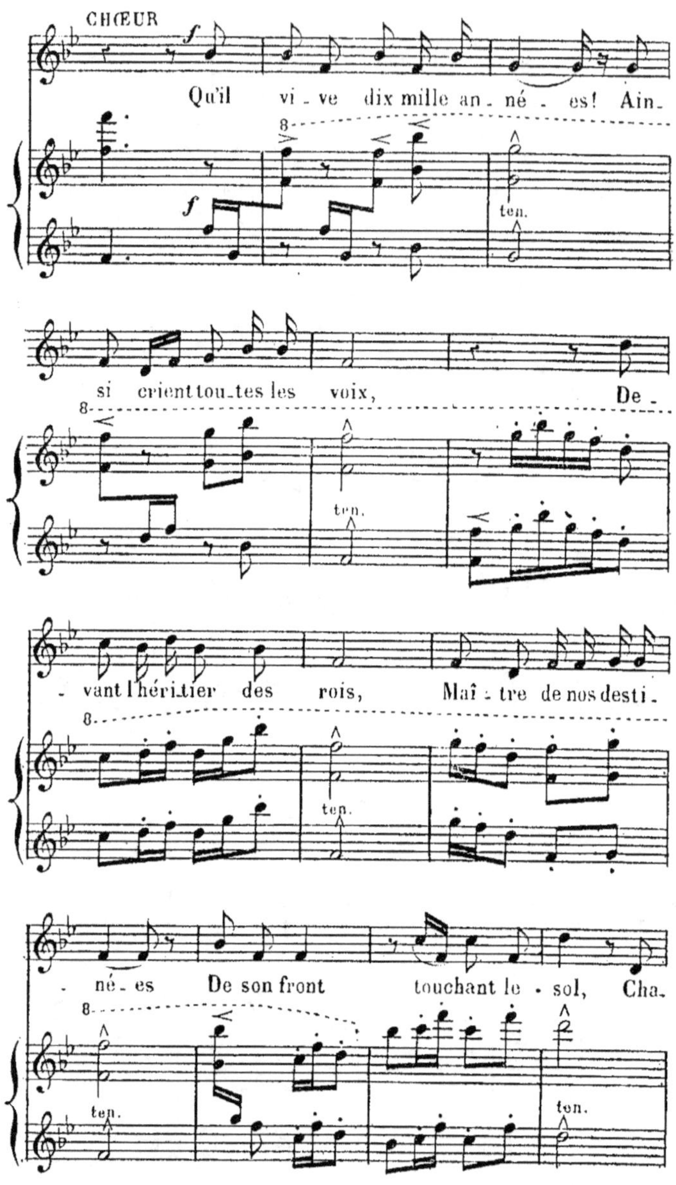

CHŒUR
Qu'il vi_ve dix mille an_né_es! Ain_
ten.
si crient tou_tes les voix, De_
ten.
_vant l'héri_tier des rois, Maî_tre de nos desti_
ten.
_né_es De son front touchant le_sol, Cha_
ten.
ten.

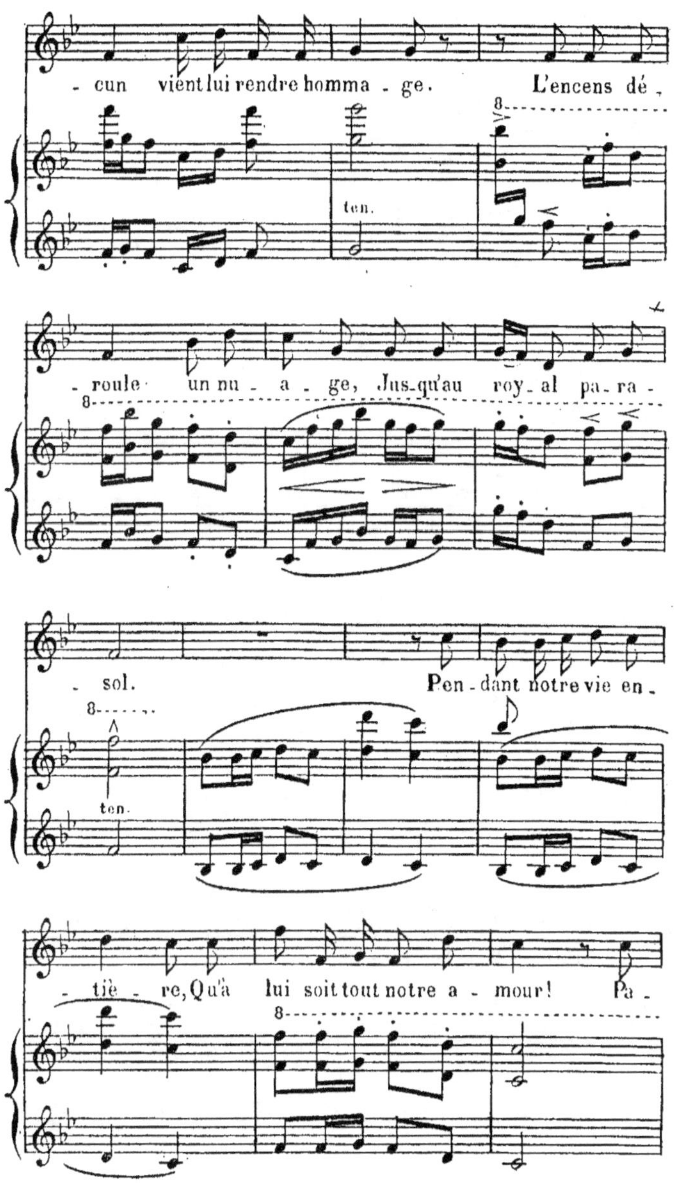
- cun vient lui rendre homma _ ge. L'encens dé _
ten.
roule un nu _ a _ ge, Jus-qu'au roy_al pa_ra _
sol. Pen _ dant notre vie en _
ten.
_ tiè _ re, Qu'à lui soit tout notre a _ mour! Pa _

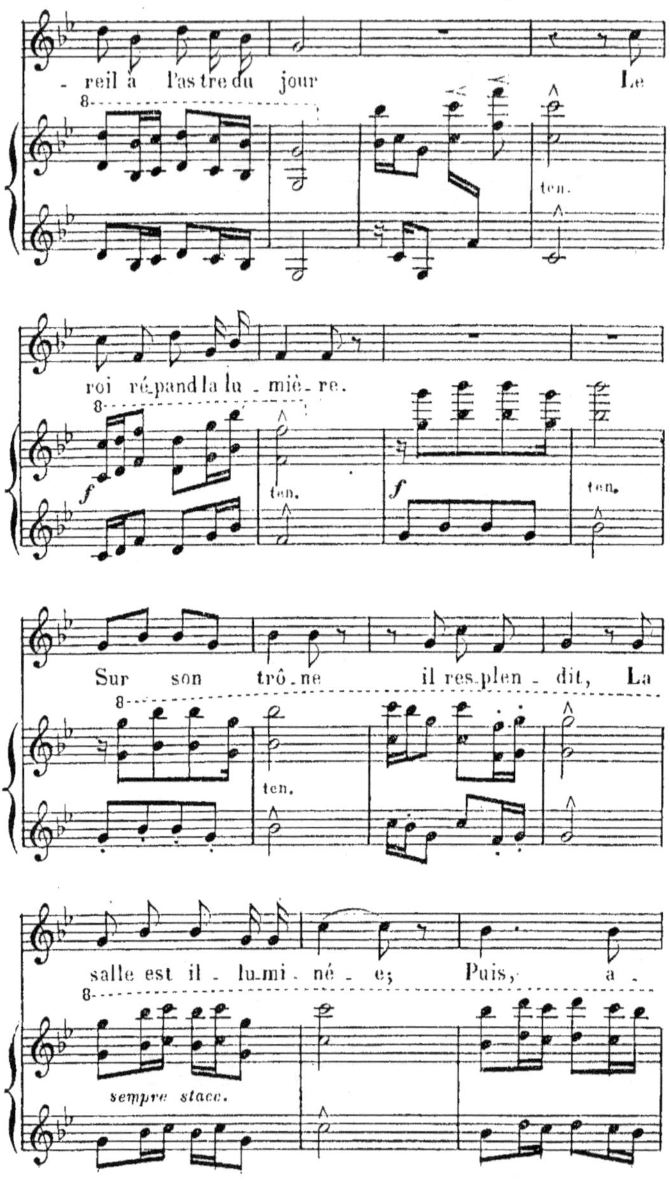
- reil à l'as tre du jour
ten.
Le
roi ré pand la lu _ miè _ re.
ten.
ten.
f
f
Sur son trô _ ne il res _ plen _ dit, La
ten.
salle est il _ lu _ mi _ né _ e; Puis, a _
sempre stacc.

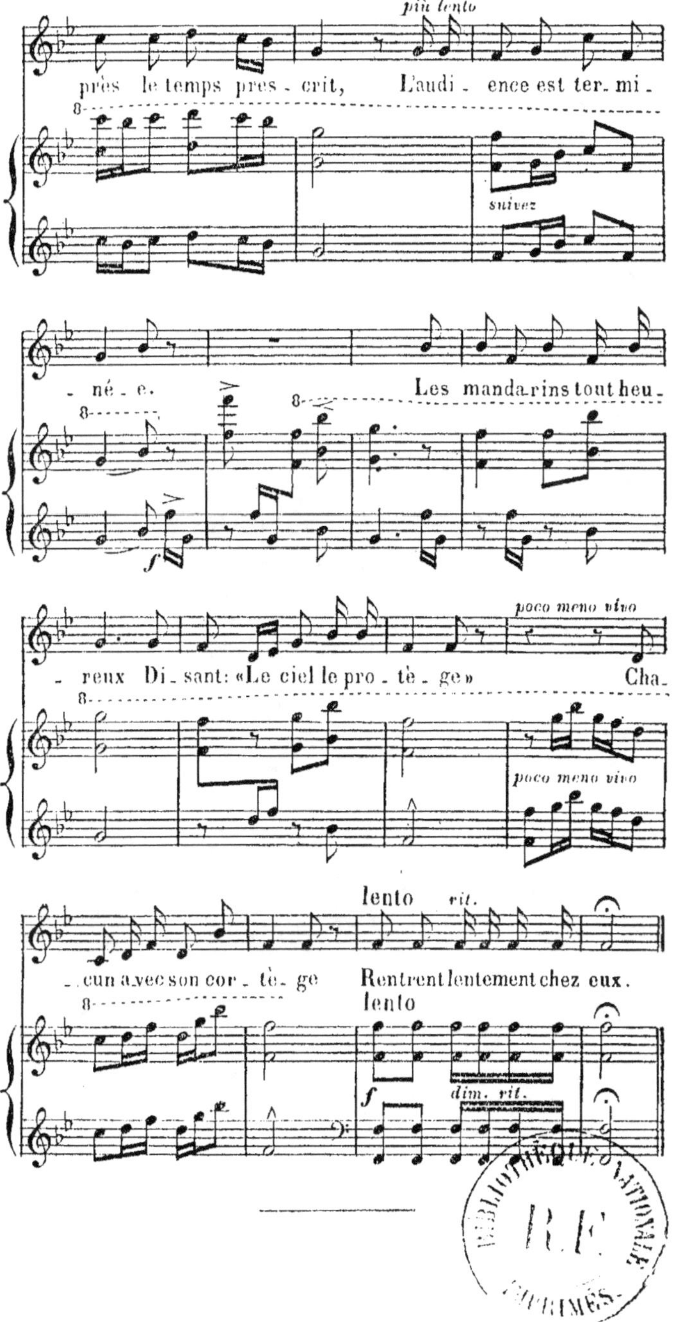
più lento
près le temps pres_crit,   L'audi_ence est ter_mi_
suivez
_né_e.   Les manda_rins tout heu_
poco meno vivo
_reux Di_sant: «Le ciel le pro_tè_ge»   Cha_
poco meno vivo
lento   rit.
_cun a_vec son cor_tè_ge   Rentrent lentement chez eux.
lento
f
dim. rit.

SAINT-DENIS

IMPRIMERIE H. BOUILLANT

20, RUE DE PARIS, 20